Kurt F. Svatek

Auf der Rückseite des Mondes

Poetische Augenblicke

Kurt F. Svatek

Auf der Rückseite des Mondes

Poetische Augenblicke

LICHTpunkte Band 142

LICHTpunkte

TRIGA
Der Verlag

Bibliografische Information der Deutschen Nationalbibliothek
Die Deutsche Nationalbibliothek verzeichnet diese Publikation in der Deutschen Nationalbibliografie; detaillierte bibliografische Daten sind im Internet über http://dnb.d-nb.de abrufbar.

1. Auflage 2019

Herstellung: TRIGA – Der Verlag
Leipziger Straße 2, 63571 Gelnhausen-Roth
www.triga-der-verlag.de

Coverfoto: jarts / photocase.de

Druck: winterwork Borsdorf
Printed in Germany

ISBN 978-3-95828-193-6 (Print-Ausgabe)
ISBN 978-3-95828-194-3 (eBook-Ausgabe)

Inhaltsverzeichnis

Poetische Augenblicke

Der Mensch reiht Augenblick an Augenblick, Schnappschüsse, die anscheinend vieles aussparen müssen. Und doch sind sie an das Vorher und das Nachher wie auf einer Perlenkette aufgereiht. Glatt oder körnig, von perfekt rund bis tropfenförmig, oval oder barock, mit rosafarbenem oder grünlichem Schimmer. Um allerdings eine einzige schwarze Azra-Perle aus dem Orient zu bekommen, müssen mehr als fünfzehntausend Perlmuscheln aus der Natur geöffnet werden. Perlen sind Fremdkörper, die doch zu etwas ganz Eigenem veredelt werden.

Auf der Zeitschnur kann also jede Minute zu einer Perle werden. Besinnlich und heiter, voll Schwermut oder leichtlebig, alle Erlebnisse, die wie Minuten im Leben kommen und gehen, gehören zusammen. Oder wie der Portugiese sagt:

Weihnachten auf der Straße,
Ostern vor dem Kamin,
der April regnerisch,
der Mai windig,
macht dennoch
ein schönes Jahr.

Im Original:

Natal na praça,
Páscoa ao fogo,
Abril chuvoso,
Maio ventoso,
faz apesar disso
um ano formoso.

Davon soll hier berichtet werden, vom Dezember genauso wie vom April, vom Mai wie von dem dann folgenden Sommer, und zwar ohne die Ereignisse in Kapitel zu pressen. Sie sollen fließen, wie das Leben eben fließt.

Erst 1959 erfuhr der Mensch zum ersten Mal etwas über die Rückseite des Mondes durch eine russische Mondsonde. 2010 wurde die uns abgewandte Hälfte von der NASA in wirklich hoher Auflösung kartiert. Wobei selbst der Begriff Hälfte nicht ganz stimmt, wir sehen nämlich insgesamt von der Erde aus neunundfünfzig Prozent der Mondoberfläche. Das liegt in der um fünf Grad geneigten Bahn des Erdtrabanten und ihrer Ellipsenform begründet. Nach allgemeiner Lesart ist die Rückseite des Mondes ein wenig anders als die uns zugewandte Seite. Die Kruste des Mondes ist im Übrigen drei Mal mächtiger als die der Erde, so um die siebzig Kilometer, die Rückseite ist allerdings noch um dreißig Kilometer dicker. Sie ist eine Hochebene und zeigt gegenüber der Vorderseite nur vier kleine Mondmeere, die ja aus erstarrter Lava sind, dafür hat die Oberfläche ein weitaus größeres Rückstrahlvermögen, sodass die Rückseite bei Neumond heller strahlt als die Vorderseite bei Vollmond. Auf dem Mond ist eben manches anders als hier auf Erden, wo eine Rückseite generell eher im dunkleren Bereich vermutet wird. So ist das eben mit dem Menschen. Er manipuliert sich oft genug selbst und ist sich dessen gar nicht einmal bewusst. Also träumen wir weiter von all dem, was sein könnte. Man kann zwar Träumer an jeder Kontrollstelle anhalten, doch keineswegs die Träume. Träume haben noch niemals geschadet, zumindest solange sie Träume geblieben sind. Die Wirklichkeit sieht dann gar nicht selten ein wenig anders aus.

Trotzdem zeigt der Mond der Erde seine sensiblere, tiefer gelegene Seite, was ja auch Menschen gar nicht so schlecht anstünde. Übrigens gäbe es uns ohne ihn vielleicht gar nicht, denn er stabilisiert seit Äonen die Erde derart, dass all das Leben sich auf ihr ausbreiten konnte.

Ein weiterer bemerkenswerter Vorteil der Rückseite des Mondes besteht übrigens darin, völlig frei von all den störenden irdischen Lichtern zu sein.

Darüber hinaus scheint noch etwas interessant: Als wir Menschen gestartet sind, um mit Hilfe von Raumschiffen den Mond zu erforschen, haben wir die blaue Erde entdeckt.

Kurt F. Svatek

*Dem Adlerruf folgen
und frei sein*

Nach dem Vorwort

Weißt du,
was hinter deinem Rücken geschieht?
Hörst du es,
fühlst du es,
ahnst du es zumindest?

Geben es die Ohren weiter,
oder das in den Adern pochende Blut?
Spült es das Meer der Ahnungen
in kleinen, sich kräuselnden Wellen
oder mächtigen Brechern ans Ufer?

Wie rasch kommt das Feuer am Horizont
denn tatsächlich näher,
und ist dahinter
in der oberflächlich lauen Asche
noch Glut?

Wie oft verbirgt sich die Knute
unter der Kuscheldecke,
denn das eine Gesicht
ist doch nur die Summe
vieler Gesichter

und der Boden des Schweigens
viel zu oft
die alles umgarnende Lüge,
die dem Alltag so gar nicht
seine Alltäglichkeit nimmt.

So mancher Tag ist von harten Herzen umstellt,
und die tatsächliche Heimat
passt zu keiner der kitschigen Postkarten.
Viel zu oft hat der selbst sommerliche Nebelvorhang
die Erinnerung vergesslich gemacht.

Weißt du denn so gar nicht,
was hinter deinem Rücken geschieht,
ein Fremder im Vaterland,
oder weiß dies nur der Mond,
und sagt es dir besser nicht?

Nicht nur von vorvorgestern

Das Haus mit den vielen Stilen,
mehr als zehn Mal älter als der Chronist,
bleibt lässig, ja sogar herablassend,
gegenüber den Zeiterscheinungen,
gewöhnt an die unterschiedlichsten Menschen,
die verschiedensten Ideen, die nicht nur einmal
so gar nicht weitergebracht haben.
Allem Sichtbaren steht nämlich
viel mehr Unsichtbares gegenüber.
Schuld lässt sich wohl nicht für immer
in die Vergangenheit sperren.

Der Dachboden,
so mancher Winkel im Keller,
sie könnten dem Entdecker
schon Geheimnisse preisgeben,
wenn es ihn nur gäbe.
Und der Blick jeder Skulptur
erzählt von den Mühen der Vergangenheit.
Denn wie der Tag auch scheint,
er bleibt für die Zukunft nicht so, wie er ist.
Die Realität, das sind oft Tränen zum Frühstück,
das Ideal aber bleibt ein heiliges Gedicht.

Die lichten Tage sind vorbei

Manche Gedanken hausen in Winkeln,
die andere gar nicht erreichen.
Verborgen vor dem Licht der Sonne,
ja selbst vor dem Mond.

Gib ihnen doch nicht alle Rechte,
denn sie werden dir
keinen einzigen Anspruch
gewährleisten.

Sie warten,
als verschwiegen
brennendes Feuer,
an keinem Austausch interessiert.

Doch wer weiß,
dass die Sonne wieder aufgeht,
kommt immer noch viel besser
durch die Nacht.

Falsche Erwartung

Die Tür geht auf
und geht wieder zu.
Aber nein,
es war ja doch nur der Wind.

Soiree

Das dunkle Braun
rund um die Pupille,
in der sich der Betrachter
wie ein Püppchen spiegelt,
ist in ein und demselben Moment
voller Sanftmut und Glut.

Der rote Mund
ist eine reife Frucht,
denn das pochende Herz
hat unter dem Baum
mit den fallenden Blättern
wohl kaum mehr viel Zeit.

Doch nicht so sorglos

Regen wäscht den Winter
vom Fensterglas.
Selbst die Tage,
an denen Kirschblüten und späte Schneeflocken
Seite an Seite tanzen lernten,
sind längst schon vorbei.

Jetzt schwirren Gaukler und Gedanken.
Doch weil du fort bist,
ist es trotzdem kalt.
Und die Nachtigall
singt vergeblich an
gegen die Zeit.

Am Hafen

In der Nacht noch vor dem Mond
weht die steife Brise
den Hut des Auswanderers
urplötzlich Richtung Amerika.

Wer wohl zuerst dort landen wird?
Oder ist es der Delfin,
der sich gerade
mit seinem persönlichen Namen vorgestellt hat?

Doch selbst der Urhügel,
der einst als Symbol des Lebens
aus dem Urmeer stieg,
war sofort der Erosion preisgegeben.

Das Sehnsuchtsland ist immer eines,
wohin du niemals kommen wirst,
sonst wäre es kein Sehnsuchtsland,
voll Zeit und Landschaft so weit das Auge reicht.

Und dennoch bist du dort daheim,
weil nur an jenem Ort im Inselnorden,
wo die Winde aufeinandertreffen,
die Träume hausen.

Anmerkung: Delfine sind die bisher einzige bekannte Säugetierart, die einen persönlichen Namen haben, mit dem sie sich vorstellen und mit dem sie auch von anderen gerufen werden. Es handelt sich um eine Folge von Pfeiflauten, die sich die jungen Delfine selbst zurechtlegen.

Brechung des Alltags

Im Fenster
das lächelnde Spiegelbild
der Nachbarin.

Was will einer mehr,
zwischen zwei sonst schier endlosen
U-Bahn-Stationen?

Sonnenaufgang

Durch den Türspalt
rinnt in feinen Strahlen
die Morgensonne,

als wollte sie dir sagen,
dass der Wind
in der Nacht

einen alten Liebesbrief
bis knapp vor die Haustür
geweht hat,

ein Rastloser,
der nun
zur Ruhe gekommen scheint.

Früher Morgen

Langsam schwimmen die Wolken
im blauer und blauer
werdenden Himmel davon.
Frisch gefärbt,
trocknet sie ihr Haar,
die Trauerweide.

Die Mandelaugen leuchten immer noch wie Sterne,
Erwartung ist auch stets außer Atem.
Es ist, wie sich zu betrinken,
um den Rausch zu vertreiben.
Und das Kastanienbraun ihrer Haare
fließt über seine Schultern.

So ist es eben

Das Weltall spiegelt sich
in allen Farben
in einem Wassertropfen,

und die Liebe
dereinst vielleicht
in einem aus deinem Auge.

Doch wer wünscht sich schon
ein Grab ohne Blumen
und Tränen.

Da richten weder
Orpheus noch Isis
etwas aus.

Ein anderer Tsunami

Fukushima
ist nur eines der Kraftwerke
des Zauberlehrlings.

Doch die zweite Welle
des Tsunami
besteht dann oft wohl aus Tränen.

Unverhofft

Der Abendwind
vertrieb die Mandelblüte
von ihren Schwestern
in ein anderes Leben.

Wie schön,
dass sie nicht lang danach
auf deinem schwarzen Haar
ein wenig Ruhe fand.

Nie zu spät

Die Sonne
bemalt den Himmel
zum ersten Mal
so richtig blau.

Ein paar Flügelschläge
eines Schmetterlings,
und sogar ein altes Herz
tanzt mit.

Nur Blüten ohne nachfolgende Früchte,
sind im Herbst dann
ein gebrochenes Versprechen,
so schön sie auch sind.

Darum fliege, Gedanke, fliege,
fliehe von dem Zweifler,
damit er wieder
ruhig schlafen kann.

Augenzeugen

Sterne,
so unfassbar viele Himmelsaugen
schauen zu,

nachts im Cabrio
zwischen Landstraße
und Milchstraße.

Bei Neumond

Atemberaubende Stille
unter dem Sternenhimmel.
Nahe dem Schatten eines Mannes,
der Schatten einer Frau,
um den sich zärtlich ein Arm legt.

Selbst zur Zeit, in der der Mond
noch nicht am Himmel steht,
scheinen die Herzen
im gleichen Rhythmus zu schlagen.
Plötzlich funkeln vier Sterne mehr.

Der Zaungast

Offenes Fenster
hinaus und herein.
Wie verwirrt er
gerade beim Zubettgehen,
der Vollmond.

Doch das Knarren
der Fensterflügel
verstimmt die Frösche.
Die Sternschnuppe
ist für alle kostenlos.

Für einen Augenblick

Die Einkaufsstraße,
bergan, bergab,
einfach bummeln.

Und dann
mitten im Trubel
die Augen schließen.

Wie sanft
der Druck der Hände ist
und wortlos.

Kein Stein auf dem anderen

Die Dünen singen;
Menschen hätten nämlich
Sand zwischen den Zähnen.

Ein Salamander mit Diesellok
schlängelt sich
durch die Wüste.

Und er ist meist
schneller am Ziel
als die mitreisende Seele.

Die versucht eher
die Spuren der Kamele
ausfindig zu machen.

Mitternacht

Die Rosen schlafen.
Der Vollmond
versilbert sogar
den Goldregen.

In der Mitte
des Teiches,
ist sein Zwilling
zu Gast.

Du solltest ihn,
auch wenn du
tief drinnen
traurig bist,

mit fröhlichen Augen begrüßen.
Nur, da müsstest du schon
ein verdammt guter
Schauspieler sein.

Nicht lang

Die Blumenwiese
mit ihrem bunten Durcheinander
für Aug und Nase
gibt den Schmetterlingsball.

Da sitzt einer
nicht länger
als ein paar Sekunden
auf Vergissmeinnicht.

Jenseits der Realität

Die Götter
bewerfen einander abwechselnd
mit Regentropfen und Sonnenstrahlen.

Doch vorbei
an dem spontanen Spatzenfest in der Pfütze
gibt es nur eine Sehnsucht: den Regenbogen.

Doch in der Dachkammer
gehört dir ja ohnehin
der erste Sonnenstrahl.

Divergent

Die Julihitze,
mit ihren knirschenden Schritten
wie auf Stroh,
ist im Bergwald
noch nicht angekommen.

Da liegen sogar
die letzten Meter
des Gipfelsteiges
noch im Nebel.
Wie kühlt er die Stirn!

Mittägig

An der verfallenen Anlegebrücke
blühen die Seerosen
mehr als üppig.

Die Zeit stünde still,
kein Kommen, kein Gehen,
auch nicht barfuß,

wäre da nicht
die quirlige Libelle
in ihrem Tüllkleid.

Hafenalltag

Die Federwolke
am Abendhimmel
ist wie aus Segeltuch.

Beim Abschiedskuss
bemalt die Sonne
die nahen Berge mit Rot.

Der Tropfen
auf deiner Wange
schmeckt salzig.

Frucht der Neugierde

Der Specht trommelt
unentwegt
an die Baumtür.

Viel zu spät
beginnt der Fluchtversuch
der fetten Made.

Gewitterwolken

Der Sturm peitscht
nicht nur die Blätter.

Da verwirrt
der stoische Blick der Kuh

schon ein wenig
den vorbeihastenden Städter.

Reisefieber

Die Jungstörche
fliegen den Pensionisten voraus
ins Winterquartier.

Die Pfeile
auf der Dartscheibe
sind bald von gestern,

und bunt gekleidete Menschen
ersetzen nach und nach
die Blumen.

Fausts Suche
ist wohl noch lang nicht
abgeschlossen,

beginnt sie doch
mit jeder Generation
von Neuem.

Dauerregen

Der Postbote
wirft die Briefe
ganz schnell ein,
und wie sich später herausstellt,
auch zufällig.

So bekommst auch du
einen Liebesbrief.

Oktobermorgen

Hat da schon wieder
so ein Sprayer
die Blätter angesprüht,

oder verkünden
die warmen Farben
einfach die kalten Tage?

Herbstschauer

Zackig
ist der Paradeschritt
der Regenschirme.

Das leere Regenfass,
wartet allerdings
schon lang.

Und doch scheint es,
einer der Regentropfen
käme aus deinem Auge.

Erinnerung

Groß werden
und die Welt erfahren
kannst du nur
in kleinen Gassen.

Selbst bei Regen, Sturm und Kälte
waren die Schritte
auch nicht größer
und auch nicht schneller.

Doch in der Kastanienzeit,
war da einst
der Schulweg
nicht doch um einiges länger?

Ganz am Rand

Der Apfel
zwischen den roten Lippen
ist noch grün.

Trotzdem treibt der Herbstwind
die dürren Piniennadeln
schon vor die Haustür.

Und auch die Fasane
kommen immer öfter
in den Garten,

denn durch den engen
Maschendrahtzaun
dringt kein Schuss.

Zuflucht

Ein Fuß im Stiefel
knackt im raschelnden Herbstlaub
Nüsse,

denn die länger werdenden Schatten
beflügeln die Schritte
heim zu,

nicht zuletzt
weil eine Windbö aus der Zukunft
den Wasserfall zerreißt.

Gastmahl

Im Geäst
des kahlen Apfelbaumes
macht die Morgensonne
kurz Rast
vor ihrem Höhenflug.

Nahe am Stamm
sind doch noch
ein paar Äpfel übrig geblieben,
allerdings
für andere Wintergäste.

Winterbeginn

Schneeweiß das Haar.
Ja, manchmal
nützt nicht einmal
ein gerade erst gekaufter
Regenschirm.

Daheim erinnern dann zumindest
die sonnengelben Strohblumen
auf dem Fensterbrett
an den Sehnsuchtsgarten
des Sommers.

Bei offenem Fenster

Staubbedeckt
ist mittlerweile
der Konzertflügel im Salon.

Sprache ist für den Verstand,
doch die Musik
für das Gemüt.

Eine Hand schlägt einmal noch
sacht Molltöne an.
Doch der Wind vertreibt sie.

So hat selbst
eine herausragende Pianistin
schnell ausgespielt.

Im Tagesgrauen

Der Nordwind
stahl letzte Nacht
das Kleid der Birke.

Der weiße Pelz
ist ja doch nur
eine Notlösung.

Auch für den Haselstrauch,
war er doch gestern
noch nackt.

Und zum ersten Mal
füllt eine zitternde Hand
frühmorgens schon das Vogelhaus.

Volcán de Fuego

Ein Blick aus dem Fenster:
Der frischgefallene Schnee
der Nacht
bedeckt den Vulkan.

Und dennoch scheint es,
dass da oben
zur Frühstückszeit
jemand ganz schön eingeheizt hat.

Unweit der Trauerweide

Das Feuerholz ist längst
bis zum Dach gestapelt,
nur von Spinnennetzen gehalten.

Der flackernde, hohle Kürbiskopf
von gestern steht jetzt allerdings
mit leeren Augen auf dem Fensterbrett.

Und für das Chrysanthemenbouquet
kommt der große Tag
frostverbrannt.

Nur die Astern blieben unbeugsam,
als wären sie
im Vorgarten des Himmels.

Denn eigentlich ist doch jedes Grab
nicht so sehr für die Toten da
als für die sie Überlebenden.

Silvester

Leichtes Frösteln
kriecht hoch
zum Abschied.

Der Rheumaanfall
hatte die Kälte allerdings
längst schon angekündigt.

Doch klarer Wein
und trübe Gedanken,
so neu ist das nicht.

Dabei singt jeder Stern
am Himmel
doch in einem anderen Ton.

Ein Tag im Januar

Kein Vogellaut,
nicht eine Welle im Teich,
selbst der Sturzbach
ist durchgefroren.

Das Schneehuhn
verharrt nebenan im Tarnanzug,
der Urlauber hingegen
trägt einen knallroten Anorak.

Keine dumme Idee

Ein Marienkäfer
sucht den Winter zu überleben,

und zwar in meiner Wohnung
im Erste-Hilfe-Kasten.

Bilder einer Stadt

Die letzten Reste
der Berliner Mauer:
Blutrote Farbkleckse
auf Betongrau.

Das Staudenbeet dahinter
ist der längst fertige
Großflughafen
für Hummeln.

Nach dem letzten Tautropfen

Der leere Fensterrahmen
der Ruine
ist himmelsblau.

Nur ein Salamander
kreuzt den Weg.
Was nützt da der Rechtsvorrang?

Zukunft der Arktis

Der uralte Gletscher
stürzt kalbend
Brocken für Brocken
ins Meer,
gleich neben einem Bohrturm.

Falsches Ziel

Eigentlich
hatte er
anderes vor,

doch der Lachs
springt flussaufwärts
einfach ins Bärenmaul.

Der Lauf der Welt

Kaum erst geboren,
üben sie schon das Entkommen,
die Jungspatzen.

Und kommen doch nicht weit
und hin und wieder
auch gern wieder zurück.

Lesezeichen

Der Gürtel
des Bademantels
ist kaum verknotet.

Bettlektüre,
mit Wörtern verführen,
so oder so.

Höhere Werte

Weltordnung
gegen Straßenverkehrsordnung:
Die Ampel
schaltet auf Rot;
aber nicht
für die Entenschar.

Das Puppentheater

Die Puppen
sind ja nur aus Holz
und Stoff
und Zwirn
und Draht
und können
selbst nicht denken,
meint der Puppenspieler.

Ihre Stimmen,
das ist seine Stimme,
die Laute,
das unverwechselbare Timbre.
Ihre Gesten,
die hat er vorherbestimmt,
ihr Charakter,
sein schöpferischer Einfall.

Dabei hat er sie niemals noch
so zwischen zwölf
und eins gesehen,
wenn sie aus der Kiste springen
und ihr Leben leben,
tanzen, Witze machen,
selbst welche über ihn.
Auch wenn sie traurig sind.

Und wenn
zu dieser Zeit
etwa die Marionetten
gegenseitig die Fäden,
an denen sie noch hängen,
mit Messern schnell durchtrennten,
was würde dann der Puppenspieler
am nächsten Tag wohl tun?

Neue Schnüre knüpfen,
oder überhaupt,
gleich frische,
gefügigere Puppen schnitzen,
an Seilen,
die sie,
wie er glaubt,
nicht mehr durchschneiden können?

Denn selbstverständlich weiß er,
dass der Vorhang sich
mit ihm allein
wohl kaum zu heben braucht,
und kein Applaus entgegenbrandet,
obwohl er die Bereitschaft seiner Truppe,
das Drehbuch einzuhalten,
für selbstverständlich hält.

Denn all die Puppen
sind ja nur aus Holz
und Stoff
und Zwirn
und Draht,
bestimmt,
allein sein Spiel
zu spielen.

Er ahnt nur nicht,
dass in der Geisterstunde
sie mit dem Messer
ganz gut umgehen können,
und nicht nur
in der Lage sind,
die eigenen Lebensfäden
zu durchtrennen.

Alternativlos

Liebe ist ein starkes Wort,
Liebe ist ein großes Wort.
Zu groß,
sodass es oft nicht halten kann,
was es versprechen will.

Gleichwohl,
selbst Bäume sprießen
nur aus Samen.
Doch zugegeben,
ein wirklich guter Keim ist selten.

Wie sinnlos

Wozu
all die kleinen Aufgeregtheiten
auf beiden Seiten des Tales
noch aufgeregter machen?

Denn wer Porzellan zerschlägt,
kann den Tisch
dann nur mehr
mit Scherben decken.

Ein besonderes Foto

Bitte drück schnell ab,
riefst du in jenen Tagen,
um die Dichtheit
eines ganz besonderen Augenblickes
einzufangen,

damit er noch in Jahren
unvergessen bleibt.
Und wenn du seinerzeit
nicht tausend Dank gesagt hast,
dann sagst du es wohl heute.

Hinter der Kamera

Wird der Blick
hinter der Linse
weiter oder enger,
oder so zwischen Poesie und Aphorismus
einfach nur unterschiedlich?

Fängt er das Leben ein, wie es ist,
wie es sein sollte,
eine verklärte Wahrheit,
die vor der Linse anders ist als dahinter
und eher im Hintergrund schimmert?

Manchmal wird eine Grenze überschritten,
die besser eingehalten werden sollte.
Das fällt mit der Kamera leichter,
wie auch im Schreiben,
zumindest leichter als beim Sprechen.

Doch irgendwie sollte das Nachdenken
nach dem Film, nach dem Gedicht erst beginnen.
Also jetzt …
Das Netz ist jedenfalls
als Falle bereits ausgelegt.

Die Krieger

Es macht wenig Sinn,
tiefer und tiefer zu graben,
bis das Kriegsbeil
dann endlich
zu finden ist.

Denn irgendwann
müssen sie es
ja doch wieder
einbuddeln lassen,
oder sich selbst.

Immer diese Fragen

Warum schämt sich die Zeit nicht,
für das, was sie zulässt,

ein Land
für die Irr(en)Wege seiner Politik,

die Nachbarin für den Zank an der Bassena,
den sie auslöst,

der Streitbaum für den Samen,
den er dem Wind überlässt,

so ein Gott
für die falschen Prediger,

die im Namen seiner Theologie
ausgebildet werden,

die Welt,
den Krieg erfunden zu haben,

verdammt,
warum schämen sie sich nicht alle,

ja,
warum schämen wir uns nicht alle?

Anmerkung: Bassena ist in Wien die Wasserstelle am Gang eines Altbaus meist vor dem ersten Weltkrieg, als es in den Wohnungen selbst noch keinen Wasseranschluss gab.

Keine Chance

Das durstige Spiegelbild
versucht
aus dem alten
moosüberwucherten Brunnen
zu trinken …

… und zerstört dabei
sich selbst.

Wegweiser

Der Mohn am Wegrand
ist leider
so gar keine Orientierungshilfe
heim zu,

denn der rote Mohn,
er wächst
so gut wie überall
auf der Welt.

Ansichtssache

Wie schön
der verwilderte Garten
in all den Rosenfarben ist.

Doch die roten Ameisen
sind nur gierig
nach süßen Läusen.

Die letzte Bedienstete

Gras überwuchert die Gleise
der stillgelegten Bahnstrecke
immer dichter.

Nur das Stellwerk
wird noch bewacht:
von einer fetten Spinne.

Sie hindert der gestrige Tag
nicht daran,
im Heute zu leben.

Koketterie

Gehen und denken,
gehen, denken und sprechen.
Wie schön,
wenn alles so selbstzufrieden
im gleichen Rhythmus schwingt.

Doch ein Schuss in der Ferne,
und nicht nur
das imposante Rad des Pfaus
und seine Eitelkeit
schwinden gar schnell.

Zwischen den Stoppelfeldern

Der Abendwind
rollt den fast vollen Mond
hinter eine Wolkenbank.

Da löscht dann der Mondgott seine Laterne,
und der Schauer der Liebe
verebbt als Traum.

Auch gut

Wenn zwei Amselmänner streiten,
kann sie nicht einmal

die abscheulichste Vogelscheuche
davon abhalten.

Aber zumindest
entkommt der Regenwurm.

Man kann ja nie wissen

Der Auswanderer
hat sein zerfleddertes Telefonbuch
mitgenommen.

Wie leicht hingegen
überfliegt ein Schmetterling
die Grenze.

Nur wenn die Vergangenheit
so schwer auf der Gegenwart lastet,
wie wird dann erst die Zukunft sein?

Jeder Tag ist eine Uraufführung

Die Wüste,
sie lässt dir keinen Raum
für Leichtsinn
und Überheblichkeit.
Du schwankst zwischen Liebe und Hass
und gäbest alles Gold
für Wasser und Schatten.

Aber wenn dann
der Sternenhimmel aufgeht,
in seiner Unendlichkeit,
liebst du sie
wie kaum etwas anderes in der Welt.
Denn der Weg der Versöhnung
ist hier kürzer als sonstwo.

Gefährlich

Blut klebt
an den Händen
und im Gesicht.

Doch
es war nur
das Rasiermesser.

Der eigene Lektor

Viele finden
ihre eigenen Fehler nicht,
weder im Leben
noch im Text.

Manche hingegen
finden sie nur im Text.
Mit fremden
ist es da schon leichter.

Die Kartenlegerin

Leg mir die Karten,
doch nimm ein Paket
ohne die Dreizehn
oder ohne Pik As.

Lass mich im Tarot
auf die Sechs hoffen,
auf die Liebenden,
schenk mir Sonne, Mond und Sterne.

Gib mir
meinetwegen
statt des Hierophanten
sogar den Narren,

wenn du mir schon
den Magier
nicht zutraust.
Leg mir das keltische Kreuz,

aber nimm doch ein Paket
ohne die Dreizehn
oder ein anderes ohne Pik As.
Das kommt ohnehin immer zu früh.

Anmerkung: Die Tarotkarten bedeuten: 0 – Der Narr: steht für die jugendliche Unwissenheit und Unbekümmertheit. I – Der Magier: Der Magier symbolisiert Selbstvertrauen, Willen, zeigt einen Menschen, der sich seines Könnens absolut bewusst ist. V – Der Hierophant: Der Hierophant repräsentiert den Willen Gottes und dessen Auslegung auf der Erde und steht für Fragen nach dem Sinn und die Wahrheitssuche. VI – Die Liebenden: Die Karte repräsentiert Beziehungen und Optionen. XIII – Der Tod: steht symbolisch oder archetypisch für einen Wechsel, Abschied respektive, ein Ende. XVII – Der Stern: steht u. a. für Hoffnung, Optimismus, Harmonie. XVIII – Der Mond: Der Mond steht für die Haltung der Gelassenheit und Hingabe. XIX – Die Sonne: Die Sonne symbolisiert die Hoffnung, den Idealismus, das Streben nach »höheren« Werten. Sie steht aber auch für geistige Klarheit, also nicht für Illusionen und Utopien. Das keltische Kreuz ist im Tarot eine Art, die Karten zu legen. Das Pik As in anderen Kartenspielen ist wie die XIII im Tarot.

Was für ein Blau

Du tauchst ein,
in einen blauen See,
der dich überwältigt.

Wie tief siehst du,
wo taucht selbst das Licht
nicht mehr mit?

Wo verschwimmen die Konturen,
und die Flut umspült
nur Rätsel?

Kann denn der Anker
wirklich halten,
den da einer wirft?

Die Kamele träumen zwar vom See,
doch die Fische
sicher nicht von der Wüste.

Du tauchst ein,
in den See tiefblauer Augen.
Doch mit welchen Träumen?

Es muss ja nicht gerade Sichuan sein

Es war kein Konfettiregen,
der da niederging,
nicht einer aus Rosen
und nicht einer
aus vierblättrigem Klee.

Sie haben von den Rosen
die Stacheln abgezwickt
und von den Dornenbäumen
die Dornen.
Die hat es geregnet.

So wird es, wie es scheint,
das Spiel vom guten Menschen von nebenan
wohl nicht mehr geben.
Nur wie soll dann jemand
eine Nichtbegebenheit erzählen?

Kein Adept

Der Tag dümpelt so dahin
mit den absterbenden Farben des Herbstes.
Die Pracht war ein Strohfeuer,
wie auch das Flackern
nur aus einem leeren Kürbiskopf kommt.

Allein wer die Welt nicht kennt,
lässt sich leicht
durch Wörter verführen,
die oft nur zu gern
auch falsch verstanden werden.

Allein wer die Welt nicht kennen will,
kann betrogen werden,
auch durch Blicke, ein Lächeln,
von innen her bereits faulende Früchte
und durch allzu prächtige Farben.

Irgendwie logisch

Je älter ich werde,
desto weniger
glaube ich zu wissen.

Mir scheint,
ich werde wohl ganz schön dumm dreinschauen,
wenn ich sterbe.

Hathor

Opfer werden zu Tätern
und Täter zu Opfern.
Was bleibt,
wenn die Freiheit stirbt,
nach den Idealen,
und nach der Hoffnung?

Die phantasielose Macht
ist ohnmächtig
gegenüber den entscheidenden Fragen.
Sie antwortet mit Stechschritt statt Tanz,
mit Bajonetten statt Träumen,
Gesetzen statt Gedichten.

Die einzige Zukunft,
so widersprüchlich dies
im ersten Augenblick
erscheinen mag,
ist die keine endgültige Antwort
erwartende Liebe.

Doch warum nur
stehen dann
all die Liebesgöttinnen
den Kriegsgöttinnen so nah,
oder werden im Laufe der Zeit
sogar mit ihnen ident?

Anmerkung: Viele der antiken Liebesgöttinnen wie die ägyptische Hathor, die arabische al-Lāt, die sumerische Innana, die assyrisch-babylonische Ištar oder die ursprünglich phönizische Astarte (hebräisch: Aschtoret) gelten auch als sehr kriegerisch oder sind gar mit Kriegsgöttinnen ident.

Weichenstellung

Hat jeder die Wahl
zu der einen Seite zu gehören
oder zu der anderen?

Wie ist das mit den Weichen
im Schienenstrang,
wer stellt sie tatsächlich

für die Züge
ohne Fahrplan
und ohne Zielbahnhof?

Die Notbremsen funktionieren.
Also anhalten
könnte einer den Zug schon,

falls er merkt,
dass er auf ein falsches Gleis
geschoben wurde.

Ja, falls er es merkt.
Nur dazu müsste er auch
aus dem Fenster sehen.

Ein anderer Sisyphos

Es ist nicht leicht,
einen Ballon,
der doch um einiges größer ist
als du selbst,
auf einer schiefen Ebene
vor sich her
hinaufzuwuchten.

Noch dazu,
wenn dann jemand,
so ab der Mitte,
den Boden
heimtückisch
mit Schmierseife
eingelassen hat.

Zentrifugal

Alle altbekannten Märchen
beginnen mit:
»Es war einmal …«
Langschläfer, wach auf!

Verweilt denn die Zukunft
der Innovation noch hier,
die Zukunft der Technik,
die Zukunft von Wirtschaft und Politik?

Und die von der Wissenschaft
und gar der Kultur?
Dabei wäre Kultur Moral,
der Boden dafür zumindest.

Gar vieles wäre vorbei,
wenn die Zukunft der Bildung,
mit falscher Tinte geschrieben,
hier nicht läge,

und die Begeisterung
für die Morgenröte
auf diesem Kontinent
nicht mehr zu Hause wäre.

So heißt es,
gleich nach dem Aufstehen
sie neu zu entfachen,
Tag für Tag,

die Scheite nachzulegen,
für das Feuer im Herd.
Nur so entstünde ein neuer,
lodernder Traum.

Gewissenswäsche

Zur Erinnerung an Poeten wie Hans Sahl

Wie viel Uhr
ist es genau?
Es ist wohl
immer zu früh
oder zu spät.

Gar viele wollten sie nicht hören,
vorher nicht,
und nachher,
von drüben,
erst recht nicht.

Selbst wenn sie
weiter in der Muttersprache schrieben,
selbst wenn sie übersetzten,
hin und her,
her und hin.

So manch einer
warf ihnen im Vorübergehen
sogar das Tintenfass um,
damit die Feder
nichts mehr abbekam.

Gar viele wollten sie
einfach nicht mehr hören,
diese Stimmen.
Drüben nicht
und herüben schon gar nicht.

Doch wenn du dein Haus
wirklich liebst,
wird es stehen bleiben,
wenn du es jedoch ablehnst,
so stirbt es.

Wo ist Ptah?

Böses wird mit Bösem vergolten,
aber Gutes nicht mit Gutem.
Zuerst brennt das Feuer
die Saaten nieder,
doch die Überschwemmung,
die es löscht,
zerstört dann endgültig
mit ihrem Schlamm,
der aushärtet wie Beton,
und wie Beton
die Hoffnungen begräbt.

Du erntest nicht, was du säst,
und du säst nicht, was du erntest.
Alles wird unvorhersagbar,
kein Traum hält.
Die Sehnsucht ist immer weiter
als man selbst.
Freude verrinnt in Schmerz
und Schmerz ins Nichts.
Wo ist Ptah,
der allein durch das Aussprechen des Wortes
selbst die Liebe erschafft?

Anmerkung: Ptah galt als einer der mächtigsten Schöpfergötter Ägyptens. Er trat eher als »geistiger« Schöpfer hervor. Denn der Hauptaspekt des Schöpfungsmythos von Memphis war, dass Ptah allein durch die Macht der Worte, dadurch, dass er die Namen von Mensch und Tier laut aussprach, die Welt erschaffen hat.

Das Scheitern einer Göttin

Ein Regenbogen
überspannt den Fluss,
der Staaten trennt,
der Konfessionen trennt,
der Sprachen trennt,
der letztlich den Alltag
der Menschen trennt.

Dieser Weg der Göttin Iris,
auf dem sie
zwischen Himmel und Erde reist,
wer bestaunt ihn nicht,
in seinem Farbenspiel,
jedoch nur
bis zur Mitte des Flusses.

Magie

Da hat jemand
ein Gedicht über den Mond geschrieben,
im fahlen Licht der Liebenden;
im Zwielicht mancher Gesellen,
in dem Selene,
den von zwei weißen Pferden
gezogenen Mondwagen,
unbeirrt von der Lichtverschmutzung der Städte,
über den Himmel lenkt.

Über alle Gedanken hinweg,
über Meere und Ebenen,
an keinem Ufer aufgehalten,
die Harfen- und Schalmeienklänge
der Propheten,
je nach Laune,
beflügelnd
oder vor Ehrfurcht
zum Verstummen gebracht.

Von der Anmut und Schönheit,
jener der Helena gleich,
gibt sich sogar der
nur allzu gern
im Alltagstrott verhaftete,
atheistische Tag geschlagen.
Da beugt selbst
der oberste Priester
das Knie.

Wer fragt schon

Ins Auto setzen und fahren, fahren,
die Bergpässe hinter sich lassen,
bis ans Meer kommen und hoffen,
dass sein Rauschen
das Rauschen der Vergangenheit übertönt,
dass es seine Macht zähmt,
und so die eigene Ohnmacht
nicht gar so spüren lässt,
denn auch ein Stummer
hat das Recht auf Sprache.

So mancher Herkules
ist ja doch nur ein grau gewordener Felsblock,
und Vorurteile empfangen niemanden
mit offenen Armen.
Ihnen zu trotzen,
hinausschwimmen,
Tempo um Tempo,
ohne zu wissen, wohin es geht,
denn wenn er wirklich will,
ist der Ozean ja doch stärker.

Immer noch lesbar

Die Klippen sind so schroff,
als hätte sie unlängst erst
ein einheimischer Gott
mit dem Messer geschnitzt.
Du bittest dich selbst ums Wort,
um nicht zu verstummen.

Du lässt die Geier kreisen,
denn sie warten noch nicht auf dich.
Du lässt die Gedanken kreisen,
doch anders als die Geier
warten sie auf Antwort,
die du nicht immer geben kannst.

Das verstimmt sie dann mit der Zeit.
Sie verkriechen sich in einen Winkel
und schmollen,
obwohl sie wissen müssten,
die Schrift, die die Vergangenheit schreibt,
schreibt auch die Gegenwart.

Endabrechnung

Der Himmel ist leer.
Dabei gibt es doch so viele Sterne.
Nur wenn einer seinen Koffer
vollständig ausgepackt hat,
dann ist er angekommen.

Aber es ist lächerlich
und muss daher auch scheitern,
den Himmel
in ein einziges Gedicht
zwingen zu wollen,

ähnlich wie das Leben
nicht in einem einzigen Gemälde
Platz hat.
Nur ein bisschen suchen,
sollte es sich darin schon.

Doch die eine
oder andere Sekunde Glück,
wäre auch
das Aufgehen der Sinne
in Sphärenmusik.

Als Großformat

Die Sonne steigt
behutsam aus dem Meer.
Was kann wohl aus diesem Tag
noch alles werden?

Und was wäre,
wenn jede Zelle des Körpers
einfach oder kryptisch
darüber ein Gedicht schreiben würde?

Was wäre das
für eine Anthologie!

Trennlinien

Kein Tag ist älter
als das Jahr,
doch jenseits der Trennlinie
zwischen ich und nicht ich
leugnen viele Mathematiker die Zeit.

Aber meine Erinnerung weiß,
was sich in den letzten Tagen
verändert hat und auch,
dass manches niemals mehr
wiederkommen wird.

Nur, jagt der Zeitpfeil
nach links oder rechts,
hinauf oder hinunter,
oder vielleicht sogar im Kreis?
Und in welchem Rhythmus?

Aber womöglich gibt es
nicht nur in der Illusion
auch mehr als nur einen Lebensbaum.
Und jeder Ort
hat seine ihm eigene Zeit.

Bien sûr

Die Sprache, die du sprichst,
besteht nicht nur
aus zu Wörtern
verwobenen Buchstaben.
Sie besteht aus
ganz dichten Klängen,
aus Liedern,
die von tiefer her kommen
als aus der Kehle,
oder von höher.

Die Sprache, die du sprichst,
kommt aus dem Meer
und vom Himmel,
aus den dunklen Seiten
und aus gleißender Helle,
aus dem Gestern
und dem Ahnen des Morgens,
und nicht,
wie es scheint,
aus dem Augenblick.

Die Sprache, die du sprichst,
kommt aus der Fülle
und aus dem Nichts.
Die Sprache, die du sprichst.

Anmerkung: Auf Anregung von Patricia Kaas: *La langue que je parle* und anderen Chansons.

Ohne Wirbelstürme geht es wohl nicht

Beehrt,
begehrt,
verschmäht?
Spieler
oder Gegenspieler?
Wind, Sturm und Kälte
des Mount Everest
oder lauer Wind der Südsee?
Falscher
oder richtiger Augenblick,
dann und wann?
Wer weiß das schon?
Denn viel zu oft
ist selbst ein Sandkorn
größenwahnsinnig geworden.

Fahrplanänderungen finden oft nicht statt

Du bist nicht,
was dein Freund denkt.
Du bist nicht,
was du selbst denkst.
Du bist, was du bist.

Du bist nicht, was du denkst,
was dein Freund denkt.
Du bist nicht, was du denkst,
was immer einer denkt.
Du bist, was du bist.

Und so bist du trotzdem
der nette Mensch von nebenan,
obwohl du dies
im Gefühl des im Stich gelassen Seins
eigentlich nicht mehr denken willst.

Der verbrannte Dornbusch

Natürlich ist der Dornbusch verbrannt,
auch wenn die Liebesflamme
spürbar bleibt,
das Licht so grell ist,
dass niemand hineinschauen kann,
die Wüstennacht
nicht gar so zittern lässt,
und zündende Ideen
sich als Funken
doch irgendwie weiter ausbreiten.

Reinigt das Feuer
oder zerstört es nur,
reinigt es vielleicht erst dadurch,
indem es zerstört?
Natürlich ist der Dornbusch verbrannt.
Sollte ein neuer lodern,
müsste er erst einmal
gepflanzt werden.
Die Samen jedenfalls
haben den Brand überdauert.

Kreislauf

Sie haben aus den Glocken
Kanonenkugeln gegossen
und aus den Relikten des Krieges
wieder Glocken.

Nicht einmal,
nicht zweimal,
immer wieder,
ohne je zu lernen.

Nur die Quadersteine der Kirche
Sind noch die des alten Aphrodite-Tempels.
Die Liebe ist also
nicht ganz verloren gegangen.

Nicht alles ist vernichtet

Du solltest wieder lernen,
dich zur Rose hinunterzubeugen,
um sie zu riechen,
in den noch kalten Fluss zu steigen,
dem Schnurren der Katze zuzuhören
oder den Mond
über den Nachthimmel zu verfolgen.

Etwas nach dem Urknall
kamen auf eine Milliarde Teilchen
aus Antimaterie
eine Milliarde und ein Teilchen
aus Materie.
Aus diesem kleinen Unterschied
ist alles entstanden:

Die Katze, der Fluss,
der Nachthimmel mit dem Mond,
die Zuversicht auf die Sonne,
die alle Schmerzen
kühlende Erde,
und nicht zu vergessen,
der Duft der Rose.

Auch ein Bleistift ist sterblich

Soll ein Poet seine Texte
nur mit Bleistift schreiben,
sodass er sie unverzüglich
wieder ausradieren kann,
und das Blatt so daliegt,
als ob es die Wörter darauf nie gegeben hätte?

Und ist er dann tatsächlich befreit
von den Zumutungen der Gesellschaft,
des Staates, der Familie
oder von wem immer,
und für sich allein dabei
gar nicht einmal unglücklich?

Where there is love
there is life,
steht in linkischer Schrift
auf einer Mauer geschrieben.
Nur ist dieser Satz
leider so gar nicht reversibel.

Eigentlich sollte man über ihn gar kein Gedicht schreiben

Wie den dummen Zorn töten,
der schon vorher
alle Wärme und Nähe
in Zeitlupe erstickt hat?

Denn wenn er nicht besiegt wird,
bleibt Einsamkeit für alle,
für die Zornigen
und für die mit Zorn Überschütteten.

Persona non grata

Die zitternde Hand
verwackelt das Bild.
Doch fremde Hände ansehen,
bedeutet Streit.

Der schweigende Mund –
lügt er
auf der Flucht vor der Lüge
nicht dennoch?

Geh ganz nah
an das Gesicht heran.
Dort steht
die Lebensgeschichte geschrieben, alles.

Wie kann man es erreichen,
so stark an etwas zu glauben,
dass es letztlich
das ganze Leben ausfüllt?

Wie selten sind so die glücklichen Zeiten,
denn du bist meist gleichzeitig
ein Mensch und
zwei verschiedene Menschen,

die so wenig
miteinander zu tun haben,
und doch so viel,
viel zu viel.

So viel,
dass keiner ohne den anderen sein kann,
wie die Wahrheit
ohne die Lüge.

Wenn du eine tötest, tötest du die andere.
Doch das Schwert zu greifen,
dazu zittert dir die Hand
ohnehin viel zu viel.

Sehnsuchtsinsel

Selbst am Festland
lebst du gar nicht selten
wie auf einer Insel,
kommst getragen
von den Wellen des Meeres
erst am Strand zur Ruhe,
bis dich der Landwind
wieder hinausweht.

Wieder und wieder
tragen dich die Wellen und der Seewind
nachts ans Ufer,
als ob du verwundet
aus einem Krieg
zurückkommen würdest.
Der Wind des Tages treibt dich dann
von Neuem aufs Meer hinaus.

Die Kriegsschiffe
haben den Blick auf die Küste zerstört
und die Austernbänke.
Tauche ein in das Meer,
wie in einen tiefen Schlaf.
Nur wer vergisst,
dass die Sterne zu weit weg sind und zu hoch,
stürzt ab.

Wer ist das Ich?

Stirbt wirklich nur das Gute
und das Böse überlebt
gegen jeden Gerechtigkeitssinn,
da nicht und dort nicht,
nicht bei Verdi und nicht bei Wagner
und schon gar nicht
im Opus des Schicksals?

Musik entlarvt
ohne wehzutun,
wenn auch manchmal
das Haus bebt.
Aber nicht zu vergessen,
Opern gehen selten
glimpflich aus.

Die Sehnsucht nach der Stimme des Raben

Die Welt ist weit genug,
um darin Platz zu finden.
Doch das Gefängnis
verengt nicht nur den Blick
auf sich selbst.
Scharf bleiben nur die Eisenstäbe
vor dem Fenster.

Der Himmel verschwimmt mit den Bergen,
aber er verschwämme
auch mit der Wüste,
mit allem, was Traum ist.
Käme nur bald schon der Rabe
und meinte auf all die Bekümmernisse:
Nimmermehr.

Anmerkung: Anspielung auf den Raben in Edgar Allen Poes gleichnamigem Gedicht, der auf alle Fragen nur mit »nevermore« / »nimmermehr« antwortet.

Zeitendurcheinander

Gleichzeitig Mutter und Kind sein,
jung und alt,
gestern und heute,
die Rose und der Dorn,
die Welt umarmen
und von ihr erdrosselt werden,
unterschiedlich
zu unterschiedlichen Stunden.

Die Fotografie,
sie hält die Zeit an,
ist eingefrorene Vergangenheit.
Und so taucht plötzlich
die Frage auf,
welche der Ansichtskarten
du dir wohl
selbst schreiben würdest?

Alles möglich

Wer hat schon in seinem Leben,
nicht nur in den Reisen der Nacht,
wirklich immer
eine Handbreit Wasser
unter dem Kiel,
und schrammt nicht dahin,
manchmal auf Sand und Kies,
manchmal aber auch
auf dem steinigen Boden des Flusses?

Der Winzer berauscht sich
an seinem eigenen Wein,
der Poet an den eigenen Gedichten,
der Komponist an seiner Musik.
Dabei könnte sich der Winzer
wohl auch an der Musik berauschen,
der Komponist an Gedichten
und der Poet am Wein.
Nur Letzteres geschieht tatsächlich.

Der Schattenmensch

Der Mund leiert,
als ob ein Kind
ein Gedicht aufsagen würde,
die Augen sind leer,
ohne Information
aus dem tief Verborgenen.

Nur, wo steckt die Seele.
Die Haut ist blass,
ohne Makel.
Es ist, als ob da jemand
zwischen Leben und Tod
hängengeblieben wäre.

Es ist,
als ob jede Farbe
verloren gegangen schien,
als eine schwarz-weiße Kopie
seiner selbst
mit schattigen Augen.

La question éternelle

Je ne vois ce que je crois
et je ne crois pas ce que je vois.
Alors, où est la vérité?

Il ne reste plus qu'á absorber la vie
et cracher à nouveau
comme un poème.

Übersetzung:

Die ewige Frage

Ich sehe nur, was ich glaube,
und ich glaube nicht, was ich sehe.
Nun, wo ist dann die Wahrheit?

Es bleibt nur, das Leben aufzusaugen
und als Gedicht
wieder auszuspucken.

Und?

Die Sonne geht orangerot auf,
die Sonne geht ebenso behutsam
orangerot unter.
Und was war dazwischen?

Aber lieben wir
die unvollkommenen Städte
nicht letztlich mehr
als die fein herausgeputzten,

Städte, die so sind,
wie das Leben des Flusses,
zwar lebendig,
aber doch nicht hektisch,

die, wo der Alltag aufregender ist
als eine kitschige Fotografie
und wo einfach das Leben pocht,
wie es eben pocht?

Verstörend

Das Geäst zeigt das Morsche nicht gleich,
verkleidet sich noch mit maigrünen Blättern,
lebensfrisch.

Und alle, die um den Stamm tanzen,
sehen den Unterschied nicht
zwischen Ansehen und Aussehen.

Sie wollen nur tanzen, tanzen,
selbst wenn schon
der eine oder andere Ast bricht.

Wenn sich Ikarus nämlich
auf den Weg zur Sonne aufmacht,
so kann er ihr auch viel zu nahe kommen.

Nicht nur in den Drakensbergen

Du wirst normalerweise
den Leoparden nicht sehen,
doch er sieht dich.
Und wenn er dir dennoch
einmal unerwartet begegnet,
und du versuchst,
einen Stein aufzuheben,
wird er gemächlich davonziehen,
denn er kennt diese Geste.
Du musst dich
um die Natur nicht kümmern,
sie kümmert sich um dich,
selbst wenn am Abend
die Geier kreisen werden.

Auf kleiner Flamme

Die Rose ist vergänglicher als das Foto von ihr,
wie der Mensch und sein Bild.
Wahrscheinlich schaffen es
nicht einmal die Schildkröten,
ihr Konterfei zu überleben,
womöglich der Mammutbaum.

Nur was soll der Vergleich
im Verhältnis
zu den Erdzeitaltern?
Der gemeinsame Weg,
er wäre das Geheimnis,
so lang oder kurz er auch sein mag.

Wie klein jedoch die Flammen
manchmal schon geworden sind,
läuft ihnen doch der Ruf voraus,
sich alles gefügig zu machen,
zu manipulieren und indoktrinieren,
zu gängeln und zu unterdrücken,

wie dem Städter ganz weit draußen.
Das Geschnatter der Gänse einfach überhören?
Aber sie könnten auch zwicken.
Nur wenn du die Welt
nicht verbessern willst,
hast du in ihr nichts verloren.

Manchmal

Manchmal kämpft einer mit dir
und manchmal gegen dich,
wirft dich nieder
oder hebt dich auf,
zertrümmert deine Ideen
und lässt doch auch
von Zeit zu Zeit
zaghaft Neues entstehen,
lässt dich bisweilen fast ertrinken
und zieht dich dann am Schopf
aus der Flut.

Du verachtest ihn,
bist aber fallweise auch ein wenig stolz,
du hasst ihn
und magst ihn doch auch wieder,
manchmal.
Wie viel Platz hat ein Pfau
neben dem Stolz
noch in seinem Herzen?
Du duldest ihn jedenfalls,
was bleibt dir auch anderes übrig,
denn kein Schatten löst sich für immer und geht.

La Mancha ist überall

Soll da jemand gegen Windmühlen kämpfen,
wenn für jeden abgeschlagenen Flügel
dann mindestens zwei nachwachsen,
und das Korn des Misstrauens
durch die immer schneller werdenden Umdrehungen
in so großen Mengen gemahlen wird,
sodass das Mehl des Argwohns
wie Schnee die Landschaft bedeckt?

Aber einfach nichts zu tun gegen das Unrecht,
das wäre ja auch keine Lösung.
Denn jede gute Idee
kann zwar von Ratten angeknabbert,
aber dennoch nicht vernichtet werden.
Und sterben darfst du
ohnehin erst,
wenn du einmal so richtig geliebt hast.

Die römischen Pinien

Unter den duftenden Schirmen
der römischen Pinien,
gerade noch
vor der zunehmenden Sonne geschützt,
musizieren Vögel.

Aber wie ein gutes Orchester,
nicht exakt auf den Punkt genau dirigiert,
sondern eine Nuance weicher,
duftiger, vielleicht sogar ein wenig lässiger
und damit lieblicher, sinnlicher.

Die Musik bleibt
an den langen Nadeln haften,
und der Schatten kühlt
und verlangsamt auch die Gedanken.
Sie flirren nicht mehr so stark.

Wenn du kein Salz isst,
wirst du leichter und leichter
und du fliegst langsam heim.
Ein letzter Vogel zirpt,
bevor es zu heiß wird.

Unbeirrt

Wasser umspült den Felsen,
umzingelt ihn,
trägt ihn allmählich ab,
und er kann letzten Endes
nichts dagegen tun.

Es sickert in den Beton
und macht ihn brüchig,
es lässt Eisen rosten
und den gefallenen Ebenholzbaum
vermorschen.

Es verdrängt die Erinnerungen
an den Eigensinn der Dinge
aus alten Zeiten
und wird so
zum Kompass des Lebens.

Es ist nicht der Felsen,
der harte Beton, das Holz,
es ist nicht das Eisen,
Wasser, in welcher Daseinsform auch immer,
ist der Sieger.

En-hedu-anna

Wenn du einmal
ein Gedicht geschrieben hast,
kann dir selbst der Tod
nichts mehr anhaben.
Denn es ist der Mond,
der es mitnimmt
und wieder bringt,
wieder und wieder,
sodass selbst ferne Nachkommen
einstmals die Schriftzeichen entziffern können
und die Wörter von Neuem
zum Klingen anregen.

Sie dürfen nur
dem viel zu heißen Licht
nicht allzu nahe kommen,
denn das Licht versengt sie.
Sie dürfen sich
nicht dem kalten Schatten
zu sehr nähern,
damit er sie nicht bedeckt.
Denn in den Wirren zwischen heiß und kalt
würden sie sonst die Lippen veröden,
sodass selbst der einstmals honigsüße Mund
zum Schweigen gebracht wird.

Anmerkung: Prinzessin En-hedu-anna (»führender Schmuck des Himmels«) lebte um die Zeit von 2285-2250 v. u. Z. und war Tochter des Sargon von Arkad (um 2300) und Hohepriesterin (so ab 2270) des Mondgottes Nanna in Ur. Sie war damit automatisch die »Gemahlin« von Mondgott Nanna. E-hedu-anna gilt als erste historisch bekannte Autorin, deren Werke schriftlich überliefert sind, und darüber hinaus als erste bekannte Gelehrte (Astronomin, Philosophin, Mathematikerin ...) der Menschheitsgeschichte.

Noch lang nachhängend

Aus der gleichen Welt geboren,
in die gleiche Welt geboren,
und doch, was für Welten:

Sichtbar und unsichtbar,
Pol und Gegenpol,
Fassade und Innenschau.

Nicht immer
ist der Kern hart
und die Schale weich.

Es gibt auch
nicht nur einen faulen Apfel
in dem Korb.

Und wenn ein Dackel
in den Spiegel schaut,
meint er wohl einen Löwen zu erkennen.

Doch wie oft verliert da
der augenscheinliche Gewinner
und wird zum tragischen Schauspieler.

Nur, hätte ein exakter Nachbau,
die Simulierung des Gehirns
auch eine Seele?

Trotz der Mondfinsternis

Der anbrechende Abend
ist nun einmal
nicht mehr der Morgen,
der heutige Tag das Gestern
oder morgen das Heute.

Aber ein Teil der fortgegangenen Seele
verweilt ohnehin in dir,
denn bis zu den Fixsternen
kommen die Wandlungen
nicht gar so schnell voran.

Die Gestirne bleiben,
wenn auch im Wechsel der Zeiten
an anderen Plätzen,
manchmal sogar hinter der Mondfinsternis.
Die Farbe ist ja doch nur ein Gaukler.

Kaligraphie

Ein Buchstabenbild
aus nur ein paar Tropfen Tusche:
Da rinnen keine
überflüssig gewordenen Gefühle
durch das Abflussgitter davon.

Wäre ein Buch nur so rund
und so abgerundet
wie ein Globus,
doch so wird kein verlorenes Wort
je wiedergefunden werden oder die Welt retten.

Denn es findet sich bekanntlich
immer jemand,
der gern Scharfrichter sein will
und ihm ungenehme Wörter
mit Hilfe des Fallbeils blitzschnell enthauptet.

Das Fest ist aus

Es brennt nur mehr
eine kleine Kerze,
gerade so hell,
um die Wände
als die eigenen Grenzen
zu erkennen.

Schemenhaft bleibt noch
die Aussparung
der Tür.
Doch die abgetretene,
also gar nicht einmal so hohe Schwelle,
lässt allzu leicht stolpern.

Masuren

Knapp bevor einander
das Blau des weiten Himmels
und das üppige Grün
der Weiden treffen,
ist die Sehnsucht zu Hause,
markiert
von einer ausgefransten, kleinen Wolke.

Das Gewebe
mit den roten und schwarzen Streifen als Muster,
die für die Liebe stehen,
hängt noch im Webstuhl.
Im Tagtraum
grüßen immer noch
Siegfried Lenz und Gräfin Dönhoff.

Hoffentlich
ist die kleine Wolke
auch morgen noch da,
denn es wäre schade,
wenn das Prickeln des Lebens
nur mehr das Brausepulver
auf der Zunge wäre.

Anmerkung: Siegfried Lenz wurde 1926 in Lyck (polnisch: Ełk) geboren, Marion Gräfin Dönhoff 1909 auf Schloss Friedrichstein (russisch: Kamenka), 20 km östlich von Königsberg, also genau genommen nicht mehr im heutigen Masuren. Aber ein Zweig der Familie lebte auch in Masuren (polnisch: Mazury, masurisch: Mazurÿ).

Madiba

Er wollte dich nicht
im Gefängnis sehen,
nicht unter der Guillotine.
Schreib einfach nur auf,
was du getan hast,
und wenn die Tränen
ehrlich bitter sind,
dann geh auch
an seinem Gefängnis vorbei.

Wer zu einem Gott gemacht wird,
hat eben die Aufgabe mitbekommen,
zu verzeihen.
Denn weder die Rechten
noch die Linken
sind immer die Gerechten.
Und dennoch,
das Opfer muss nicht den Täter anflehen,
sich zu entschuldigen.

Warum freust du dich also
denn gar so sehr
auf das Schlafengehen
und nicht auf den neuen Tag,
auf den ersten Schluck Kaffee
am Morgen?
Dabei sind doch
das letztlich Entscheidende
immer nur die Augen.

Anmerkung: Madiba ist der Clanname von Nelson Mandela.

Feuersturm

Fremd in der eigenen Stadt,
fremd im eigenen Land,
fremd im eigenen Leben,
oder fremd gemacht?
Die Kulisse ist noch vom vorigen Tag,
aber das Stück ist längst ein anderes.

Verwundungen
mit Verwundungen zu kompensieren,
also Krieg,
heißt doch die lodernde Flamme der Rache,
jeden Löschversuch behindernd,
alles verbrennen zu lassen.

Doch derart ist Vergeltung
nur kurz süß und lang bitter,
weil kein einziger der Samen überlebt hat
und durch fremde,
vom Wind verblasene,
ersetzt werden muss.

Ideen sind wohl
wie Kinder und Kindeskinder,
und es ist gegen das Gesetz der Welt,
wenn die Großmutter
ihre eigenen Töchter und Enkelinnen
beerdigen muss.

Die Henker
sind unfreier als die Gehenkten
und werden
entgegen aller Hoffnung
wohl kaum
in die Lexika der Welt Eingang finden,

will auch jeder der Gnome
mit dem gelegten Feuer
alles um sich so klein wie möglich halten,
um den Überblick nicht zu verlieren,
auf der dann allerdings
verbrannten Erde.

Fremd geworden in der eigenen Stadt,
fremd geworden im eigenen Land,
fremd geworden im eigenen Leben,
oder doch fremd gemacht,
weil nach dem Fortschritt
so gut wie immer der Rückschritt kommt.

Innen im Iglu

Der Schnee von gestern
ist schmutziggrau,
weil Unschuld
nie lang anhält,
denn in der Luft und am Boden
da befinden sich stets
Abertausende
an verführerischen Staubkügelchen.

Der Schnee von gestern
ist aber auch strahlend weiß,
schneeweißer als er je war,
im Iglu der Erinnerung,
in dem es sich so schön gemütlich
einrichten lässt,
weil er alle Kälte von außen fernhält,
und wohl auch den Staub.

Von damals

Die Scheune
ist voll von Vergangenheit.
Viele haben daher ihr restliches Leben
sehr verschwiegen geführt.
Ein Siegel,
dass die Opfer nicht ewig Opfer sein ließ,
die Zeitzeugen
nicht unentwegt Zeitzeugen,
vor allem aber die Täter nicht ewig Täter.
So verstecken sich erfrorene, verkrüppelte Zehen
in Lackschuhen.
Denn nicht die Täter werden ausgegrenzt,
sondern die Opfer.

Wie weit ist jeder
für seine Erinnerungen verantwortlich?
Doch Verdrängtes bahnt sich irgendwie
seinen Weg zurück,
so oder so.
Wie wichtig wäre es daher gewesen,
einfach noch bei Zeiten
zu reden und zu berichten,
denn wenn nicht jeder frei ist,
ist keiner frei.
Und wenn das ewige Licht
nicht jedem leuchtet,
dann keinem.

Früher

wolltest du
in den Süden auswandern,
und heute in ein anderes Sonnensystem.

Nur was du mehr willst,
als du kannst,
bleibt unvollendet.

Vielleicht solltest du dich
im Wald
auf eine Bank setzen

und darüber nachdenken,
warum das halb volle Glas
plötzlich halb leer ist.

Am Ende des Sommers

Welcher der Flüsse
ist nun der Styx?
Du kannst dich nicht entscheiden,
denn die Boote an den Ufern
sehen alle so gleich aus,
und auch die Fährmänner.

Seit längerer Zeit
gibt es auch eine Fährfrau.
Ob sie es ist?
Gerade weil ihre Augen derart verzaubern,
wahrscheinlich nicht.
Das wäre zu einfach.

Welcher der Flüsse
ist nun der Styx?
Und führt er genügend Wasser,
um nicht auf Grund zu laufen,
und damit in quälenden Schuldgefühlen
gefangen zu sein,

zwischen hier und dort,
die schiefe Bahn hinauf und hinunter,
Aufstand und Anstand,
Götzen und Göttern?
Welcher der Flüsse
ist nun der Styx?

Sisyphoshaft

Immer wenn du auf das Meer blickst, ist Ebbe.
Aber die Energie der Küste ist doch blau.
Der Strand ragt jetzt jedoch viel zu weit hinaus,
und du musst umkehren.

Im Hinterland,
wenn du müde nach Hause kommst,
hast du ihn wieder versäumt,
den Blick auf die Flut.

Es lässt sich wohl
in ein Gedicht wie in ein Leben
nicht mehr hineinpacken
als darin Platz hat.

Nicht nur im Scherz

Du rennst und rennst,
und fragst, wozu
ist alles so begrenzt?
Selbst du!

Auf Fernreise

Die liebeskranke Prinzessin
hatte einen ganzen See voll geweint,
der längst wie eine Kaldera
mit Lotosblumen aussieht,
angeblich den Blumen des Lebens.
Im Sommer blühen dann Azaleen an seinem Ufer.

Du trinkst aus der königlichen Schale Tee,
und zwar von bester Qualität,
also von den kleinen, oberen Blättern.
Dann suchst du die Post auf,
denn auf Reisen einen Brief zu bekommen,
ist doch etwas ganz anderes als jede E-Mail.

Wenn du Geiger bist,
nimmst du deine Geige
selbst auf den Scheiterhaufen mit,
bis dann die letzte Saite springt,
und so selbst die Seelen der Gaffer
das letzte Mal mit ihren Schwingungen erreicht.

Das abgestürzte Flugzeug
hat sich im Laufe der Jahre in den Lianen verheddert.
Das heißt: Wahrscheinlich muss man auch
die ewige Glut vor der Zeit schützen.
Ist das Leben also nicht mehr als ein Strohfeuer,
weil es um so manche schöne Stunde betrogen hat?

Man kann nämlich lang
auf einer Wellenlänge sein,
und trotzdem ändert der andere
plötzlich die Frequenz.
Und wenn du dann mit dir allein bist,
weißt du noch, was dich ausmacht?

Gefälligkeit

Ein Vogel fliegt hoch
in die Morgenröte,
dort, wo die Zeit schneller vergeht.
Bald jedoch kommt er
mit der Botschaft zurück,
Eos erlaubt, glücklich zu sein.

Nur, wer kann schon
das schier Unmögliche zusammenbringen?
Und wie sicher ist es,
dass der Vogel
nicht das Blaue vom Himmel erzählt,
und sei es aus Mitleid.

Ist es …

… der erste Strich,
der eine Zeichnung macht,
das erste Wort ein Gedicht?
Ist es der erste Gedanke,
der eine Philosophie begründet
oder Unsinn,
der erste Blick,
Liebe oder Hass?
Ist es die erste Stunde am Morgen,
die den Tag definiert,
und so auch die letzte?
Das erste Mal umblättern,
das ein Buch weiterlesen lässt,
das erste Mal verliebt sein,
das unsere weiteren Beziehungen prägt?
Ist es der erste zittrige Strich,
der uns zu einer Karikatur macht?

Brisanz

Irgendwo am Rand der Welt,
zwischen blau und blau,
wo der Sommer endlos scheint,
ein Leben mehr ist
als eine Sammlung von Dateien.

Irgendwo am Rand der Welt,
schwebt die Musik
als wäre sie ein Duft,
ein Hauch, ein Geist
von irgendwo nicht auf der Erde.

Irgendwo am Rand der Welt
geht dir ein Bild nicht aus dem Kopf,
trotz der kühlen Brise von der See.
Vielleicht muss einer ganz weit fortgehen,
um so für immer da zu sein.

Fast nirgends ist Stille

Warum gehst du
und lässt die Tür offen?
Vielleicht damit der Geruch
des frischen Heus
hereinströmen kann?

Der Verstand ist ein Mond
und nicht die Sonne,
in deren gleißendes Licht
kein Auge schauen kann,
ohne Schaden zu nehmen.

Nichts ist unschuldig,
nicht der Traum –
mit welcher Farbe
malt man denn die Nacht? –
nicht das Leben der Wörter,

nicht einmal die Musik,
bei der du schon an den ersten Takten
den Schöpfer erkennst,
obwohl du das Stück noch nie gehört hast,
was kein Computer der Welt zusammenbringt.

Selbst der rote Planet
war einmal blau,
so wie der heute blaue Planet
irgendwann einmal
von rotem Sand bedeckt sein wird.

Warum gehst du
und lässt die Tür offen?
Kommst du etwa doch noch zurück,
wie die Töne und die Wörter,
oder soll dir einer nachgehen?

Einmal im Jahr

Einmal im Jahr
solltest du an einen Ort reisen,
an dem du noch nie warst.

Vielleicht ist dort
die Pest schon ausgestorben,
oder die Cholera oder gar der Krieg.

Nicht wenige
rund um die Schlachtfelder
wünschten sich das seit Jahrtausenden.

Aber vielleicht empfängt dort jemand den Gast
mit zwei Kaffeebohnen in der Hand,
als Zeichen der Freundschaft.

Denn in jeder Kirsche
sind eben zwei Bohnen,
als kleinster Bund der Gemeinsamkeit.

Die Wolken sind Berge
in einer Traumlandschaft
und der blaue Himmel eine weite Ebene.

Die gelungene Mittagsstunde ist ein Filmriss.
Und so prägt die Landschaft den Menschen,
wie er die Landschaft prägt.

In Wirklichkeit
reißt jeder ja doch nur die Gebäude ab,
die er nicht ertragen kann.

Zimmerflucht

Da schließt eine Tür,
lässt einen Raum zurück,
als wäre er
ein Abschnitt aus dem Leben,

als ob sich die Decke
schwer auf den Körper legte,
und es dunkel würde
im Gemüt.

Doch wer weitergeht,
die Scheu überwindet,
vor dieser endlos scheinenden,
wie ins Zeitlose führenden Zimmerflucht,

dem öffnet die Hand
nur ein paar Meter weiter oftmals eine neue Tür,
denn nicht selten ist die Erinnerung
auch Erfindung.

Nur die bange Frage bleibt,
wer führt dann
in diesem neuen Kapitelsaal
wohl den Vorsitz?

Frage an den Vulkanologen

Die Lava,
sind das die Tränen des Vulkans,
der die aufgestaute Traurigkeit
nicht mehr zurückhalten kann?

Oder einfach nur
die unbedachte, brodelnde,
so gar nicht gezähmte Lebensglut,
die alles entfacht,

todbringend und trotzdem
die Basis für ein neues Leben,
wie Shiva, zerstörend und aufbauend?
Der Wissenschaftler schweigt.

Fata Morgana

Es ist nicht die Sonne,
es ist nur ein Bild von ihr.
Es ist kein Schiff auf dem Meer,
es ist nur ein Foto davon,

keine Welle bringt es weiter,
stachelt nur die Sehnsucht an.
Und doch begreifst du die Tragödie nicht,
wenn du kein Teil von ihr bist.

Öffne die Augen für meinen Blick,
öffne die Ohren für meine Wörter,
öffne dein Leben für mein Leben
und verschließ meinen Mund.

Carnevale

Edel schön sind die Masken
und doch so verschlossen.
Frauen verbergen Männer
und Männer Frauen.
Nur Einfallslosigkeit
ist verboten.

In Wirklichkeit hat sich keiner
seinen Namen ausgesucht
und seinen Geburtsort.
Nur wenn wir mehrere Namen hätten,
hätten wir dann auch gleichzeitig
mehrere Persönlichkeiten?

Die Melancholie
als Nebel über den Häusern
ist keine aussichtslose,
eher eine mit Augenzwinkern,
das den schönen Masken
jedoch meist versagt bleibt.

Und auch denen abseits auf San Michele.
Oder lachen gerade sie,
im Kreis Strawinskys,
die anderen wegen der vielen Mühe
doch heimlich aus?
Noch gibt es Fleisch.

Anmerkung: Karneval, italienisch *carnevale*, stammt wahrscheinlich aus dem mittellateinischen *carnelevale*, Fleischwegnahme, oder aus *carne vale*, also Fleisch, lebe wohl.

Bei sich

In der Stille des Eises
in der Arktis
auf einer Scholle sitzen,
ist ein Tag ohne ein Gestern
und Morgen.
Das ist einfach
nur sein.

Am Strand
die Wellen beobachten,
wie sie kräftig
und dennoch spielerisch
ans Ufer schwappen,
ohne Fußspuren
links und rechts.

Beobachten,
wie die Sonne
hinter den Mangroven
so nach und nach verschwindet,
das ist von aller Erdenschwere losgelöst,
wie fliegen,
einfach nur sein.

Zu groß

So kräftig
kann die Sonne gar nicht scheinen,
dass sie der große, schwarze Schatten
nicht behindern kann.

So schnell kann niemals einer laufen,
dass er ihn nicht einholt,
und so farbig kann keiner malen,
dass er das Denken nicht verdüstert.

Wenn du tauchst,
ist er über dem Meer,
wenn du fliegst,
zwischen dir und der Sonne.

Selbst
wenn du den Mond betrachtest,
schiebt er sich davor,
der große, schwarze Schatten.

Fatal

Sich in einer anderen Sprache
nicht gleich zu Hause zu fühlen,
vielleicht noch länger fremd zu sein,
nun gut.

Aber nach Jahrzehnten in der eigenen?
Nur über die Dinge,
die wirklich wichtig wären,
wird ohnehin meist geschwiegen.

Weitere Bücher von Kurt F. Svatek – bei TRIGA – Der Verlag erschienen

Kurt F. Svatek
Die Verhaftung der Sprechpuppe
Sprachver(w)irrungen

Kurt F. Svatek beschäftigt sich, wie im Band »Ein Deut Deutsch«, auch in diesem Buch mit Spracheigentümlichkeiten.

In einer Reihe amüsant gestalteter Texte richtet der Autor den Blick auf Entwicklungen der Ausdrucksweise von Alt und Jung. Er beleuchtet die Durchlässigkeit zu anderen Sprachen und wie wir mit der Sprache umgehen. Überraschend und unterhaltsam fördert Kurt F. Svatek zutage, was das gesprochene und vor allem das geschriebene Wort wiederum aus uns macht.

Den Lesern wird die Lektüre so manches Schmunzeln entlocken.

192 Seiten. Hardcover. 14,50 Euro. ISBN 978-3-95828-036-6
eBook. 7,99 Euro. ISBN 978-3-95828-037-3

Kurt F. Svatek

In den Schattenfarben der Rosen

Lyrik

Kurt F. Svatek sagt: »Wahrscheinlich ist es immer an der Zeit, Zeitgedichte, oder besser gesagt Gegen-die-Zeit-Gedichte zu schreiben, um Strömungen und Strudel sichtbar zu machen, die in einem selbst oder um einem herum vorhanden sind.« Und so schildert der Autor auch in diesem Band wieder in punktgenauer Sprache feinfühlig existenzielle Momente des Lebens, deckt ideenreich Widersprüchliches in Politik und Gesellschaft auf und bezieht zeitkritisch Stellung.

156 Seiten. Paperback. 11,50 Euro. ISBN 978-3-89774-968-8
eBook. 7,99 Euro. ISBN 978-3-3-89774-201-7

Ein Deut Deutsch

oder Morgen ist heute schon gestern

LiteraturWELTEN Band 34

138 Seiten. Paperback. 12,90 Euro. ISBN 978-3-89774-837-8
eBook. 9,99 Euro. ISBN 978-3-89774-923-8

Der Montagmorgenmuffel

Schüttelreime

LICHTpunkte – Band 88

86 Seiten. Pb. 8,30 Euro. ISBN 978-3-89774-618-2

Die Abende sind lang geworden

Gedichte zum Wintermond

LICHTpunkte – Band 56

86 Seiten. Pb. 8,30 Euro. ISBN 978-3-89774-439-4

Herr B. aus Berlin

Deutschsprachige Limericks

LICHTpunkte – Band 49

98 Seiten. Pb. 8,30 Euro. ISBN 978-3-89774-383-0

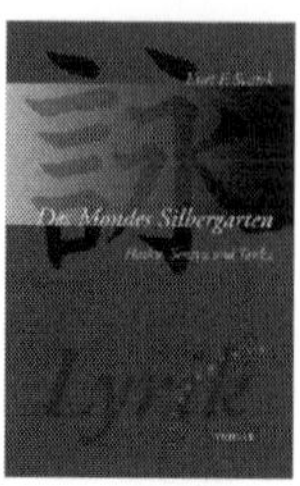

Des Mondes Silbergarten

Haiku, Senryu und Tanka

LICHTpunkte – Band 34

96 Seiten. Pb. 9,20 Euro. ISBN 978-3-89774-360-1

Spruch-Reif

Dem Alltag auf die Finger gesehen
LICHTpunkte – Band 94

96 Seiten. Pb. 8,30 Euro. ISBN 978-3-89774-655-8

Weihnachten fällt auf den Weihnachtsinseln meist in Wasser

Geschichten, die in den Dezember passen
LiteraturWELTEN Band 7

132 Seiten. Pb. 12,90 Euro. ISBN 978-3-89774-546-9

Der Weg nach Samara

Semantische Essays

176 Seiten. Hardcover. 9,80 Euro. ISBN 978-3-89774-493-6

TRIGA – Der Verlag
Leipziger Straße 2 · 63571 Gelnhausen-Roth
Tel.: 06051/53000 · Fax: 06051/53037
E-Mail: triga@triga-der-verlag.de · www.triga-der-verlag.de

An manchen Tagen hängt der Mond ein wenig schief

Ein Arbeitstagebuch

Edition PEN im Löcker Verlag, Wien

36 Seiten, Pb. 24,80 Euro, ISBN 978-3-85409-858-4